SPARTAN E-BOOKS

Spartan E-Books existiert, um Wissen in Form von einfachen und zugänglichen E-Books zu verbreiten, die das Wissen in einem kompakten Format zusammenfassen, das auf verschiedenen Geräten abgerufen werden kann und es unseren Lesern ermöglicht, hochwertiges Wissen jederzeit und überall aufzunehmen.

Copyright Notice © 2023 Spartan E-Books

Alle Rechte vorbehalten. Kein Teil dieses Buches darf in irgendeiner Form oder auf irgendeine Weise reproduziert, gespeichert oder übertragen werden, sei es elektronisch oder mechanisch, einschließlich Fotokopie, Aufnahme oder durch jedes Informationsspeicher- und -abrufsystem, ohne schriftliche Genehmigung des Urheberrechtsinhabers, außer bei kurzen Zitaten in kritischen Rezensionen und anderen gemäß dem Urheberrechtsgesetz zulässigen Verwendungen.

Robert Shem ist ein Schriftsteller, der demütig Inspiration und Ermutigung durch seine motivierenden Werke teilen möchte. Mit einem ehrlichen und empathischen Ansatz bemüht er sich, eine Verbindung zu den Lesern herzustellen, indem er Einblicke und Reflexionen anbietet, um ihnen auf ihren eigenen Wegen der Selbstentdeckung und persönlichen Entwicklung zu helfen. Seine Bücher sind ein Ausdruck seines echten Wunsches, positiv zum Weg eines jeden Einzelnen beizutragen, wobei er anerkennt, dass jeder seine eigenen Herausforderungen und einzigartigen Lebenswege hat.

Inhaltsverzeichnis

Introduktion

Das Leben ist ein komplexes Mosaik, und in seinem komplizierten Weben stoßen wir alle irgendwann auf die Unvermeidlichkeit des Verlustes. Die Erfahrung des Verlustes überschreitet Grenzen und durchdringt die intimsten Gewebe unseres Lebens. Ob der Verlust eines geliebten Menschen, eines Jobs, einer Beziehung oder etwas zutiefst Bedeutendes, die Trauer ist eine universelle Reise, eine emotionale Landschaft, die jeder früher oder später erkunden wird.

Es ist jedoch wesentlich anzuerkennen, dass jeder Einzelne diese Reise auf einzigartige und persönliche Weise geht. Die Nuancen der Emotionen, die Komplexitäten des Leidens und die Schritte zur Heilung sind untrennbar mit der Einzigartigkeit jeder Geschichte verbunden. Dieses eBook entsteht aus dem tiefen Verständnis heraus, dass Verlust mehr ist als ein Ereignis; es ist ein sich ständig weiterentwickelnder Prozess, der geformt wird und geformt wird durch die einzigartige Essenz dessen, der ihn erlebt.

Der Zweck dieses Leitfadens ist es, denen, die sich der Herausforderung der Trauer stellen, eine helfende Hand zu reichen, indem sie Unterstützung und Orientierung inmitten des Sturms der Emotionen bieten. Indem wir Wissen und Erkenntnisse teilen, suchen wir danach, die dunklen Wege zu erhellen, die sich während der Trauer zeigen, und Werkzeuge anzubieten, um diese Reise zu verstehen und zu navigieren. Mehr als das möchten wir betonen, wie wichtig es ist, dieses Verständnis auch anderen gegenüber auszudehnen, und anerkennen, dass Empathie eine lebenswichtige Brücke auf der Heilungsreise ist.

In den Seiten dieses eBooks werden wir nicht nur erforschen, wie wir mit unserem eigenen Schmerz umgehen können, sondern auch, wie wir ein Leuchtfeuer der Unterstützung für diejenigen sein können, die mit uns die Erfahrung des Verlustes teilen. Wir glauben, dass wir, wenn wir miteinander verbunden sind, die Trauer in einen fruchtbaren Boden für Wachstum, Akzeptanz und letztendlich Wiederaufbau verwandeln können. Gemeinsam werden wir bedeutende Schritte in Richtung eines tieferen Verständnisses des Verlustes machen und so Hoffnung im Herzen der Dunkelheit finden.

Kapitel 1

Das Verstehen des Trauerprozesses

Definieren der Trauer: Eine Reise in die Tiefen des Verlustes

Die Trauer, eine intrinsische Erfahrung der menschlichen Verfassung, ist eine komplexe emotionale Reise, die beginnt, wenn wir mit dem Schmerz des Verlustes konfrontiert werden. Dieser Verlust kann verschiedene Formen annehmen, von der Abreise eines geliebten Menschen bis zum Abschied von einer bedeutenden Phase des Lebens. Die Trauer ist im Wesentlichen die natürliche Reaktion auf eine Abwesenheit, eine tiefe Reaktion, die sich in den intimsten Geweben der Seele entfaltet.

Emotional manifestiert sich die Trauer als ein Ozean von aufgewühlten Gefühlen. Die anfänglich überwältigende Traurigkeit kann sich in Wellen von Wut, Fragestellungen und manchmal anhaltender Melancholie verwandeln. Diese oft widersprüchlichen Emotionen schaffen eine einzigartige emotionale Landschaft für jede Person, die mit dem Verlust konfrontiert ist. Es ist wichtig zu verstehen, dass es keinen vorher festgelegten Weg für diesen Prozess gibt; jeder Einzelne findet seinen eigenen Weg, um durch diese aufgewühlten Gewässer zu navigieren.

Physisch hinterlässt die Trauer ihre unauslöschliche Spur. Die Auswirkungen können von anhaltender Müdigkeit bis hin zu greifbareren Symptomen wie Körperschmerzen und Schlafstörungen reichen. Der Körper, von der emotionalen Belastung betroffen, spiegelt oft den inneren Sturm wider. Das Verständnis dieser körperlichen Manifestationen ist entscheidend, um die Verbindung zwischen Körper und Geist während des Trauerprozesses zu erkennen.

Mental entfaltet sich die Trauer wie ein komplexes Puzzle von Gedanken. Unbeantwortete Fragen, verstärkte Erinnerungen und sogar ein Gefühl der

Desorientierung sind Bestandteile dieses Prozesses. Der Geist, auf der Suche nach Bedeutung und Verständnis, findet sich oft in einem Labyrinth von Erinnerungen und Fragestellungen wieder, um Akzeptanz mit der anhaltenden Schmerzen der Abwesenheit in Einklang zu bringen.

Das Verstehen der Trauer geht über die bloße Anerkennung ihrer emotionalen, physischen und mentalen Dimensionen hinaus. Es ist ein tiefes Eintauchen in das Herz der menschlichen Verfassung, eine Reise, die Geduld mit sich selbst und anderen erfordert. Jede vergossene Träne, jeder tiefe Atemzug ist ein einzigartiger Ausdruck dieser universellen Erfahrung. Indem wir die Trauer definieren, machen wir die ersten Schritte hin zum Verständnis, zur Akzeptanz und zur Hoffnung auf ein Morgen, das weniger von dem Schatten des Verlustes verdeckt ist.

Die Phasen der Trauer: Durch die Höhen und Tiefen der Emotionen navigieren

Beim Umgang mit der schmerzhaften Reise der Trauer ist es unerlässlich zu verstehen, dass dieser Prozess nicht linear ist, sondern ein Mosaik von Emotionen darstellt, das sich im Laufe der Zeit verwebt und entfaltet. Elisabeth Kübler-Ross, eine Pionierin in der Forschung über Tod und Trauer, schlug ein Modell vor, das fünf verschiedene Phasen umreißt und damit eine erste Landkarte für das Verständnis der Komplexitäten der Trauer bietet.

Die erste Phase, die Verleugnung, fungiert oft als Schutzschild gegen den anfänglichen Einschlag des Verlustes. In diesem Stadium bemüht sich der Verstand darum, die Realität des Fehlens zu erfassen, und schafft eine vorübergehende Barriere zwischen Schmerz und Bewusstsein. Es ist ein natürlicher Abwehrmechanismus, ein Versuch, den überwältigenden Schlag abzufedern.

Die Verleugnung weicht jedoch der Wut, wenn die Realität sich durchsetzt. Die Wut kann sich auf verschiedene Weisen manifestieren: gerichtet an denjenigen, der gegangen ist, an das ungerechte Leben oder sogar an sich selbst. Es ist ein emotionaler Sturm, der die Gelassenheit hinwegfegt und eine Gefühl der Ohnmacht gegenüber dem Schicksal hinterlässt.

Die dritte Phase, das Feilschen, entsteht als verzweifelter Versuch, das Verlorene zurückzugewinnen. In diesem Stadium werden imaginäre Abkommen mit höheren Mächten gesucht, Versprechen von Veränderungen oder persönlichen Opfern in der Hoffnung, den Lauf der Ereignisse umzukehren. Es ist ein Ausdruck unseres angeborenen Widerstands gegen die Unvermeidlichkeit des Verlustes.

Die Depression, die vierte Phase, beinhaltet ein tiefes Eintauchen in Traurigkeit und Melancholie. Mit zunehmender Realität vertieft sich das Bewusstsein für das Fehlen und führt zu einem überwältigenden Gefühl von Leere und Hoffnungslosigkeit. Es ist eine Zeit schmerzhafter Selbstreflexion, geprägt von einem inneren emotionalen Sturm.

Schließlich ist die fünfte Phase, die Akzeptanz, kein Zeichen von Vergessen oder Gleichgültigkeit, sondern vielmehr ein über die Zeit erlangtes Gleichgewicht. Es bedeutet nicht, dass der Schmerz vollständig verschwunden ist, sondern dass wir einen Weg gefunden haben, mit ihm zu koexistieren. Es ist eine bewusste Akzeptanz der neuen Realität, eine Anpassung an das Leben, das weitergeht, wenn auch verändert.

Es ist wichtig zu verstehen, dass diese Phasen keine starren Boxen sind, sondern fließende Überschneidungen, ein Prozess, der von Person zu Person variiert. Nicht alle werden die Phasen in derselben Reihenfolge durchlaufen, und einige können frühere überwundene Stadien erneut durchlaufen. Indem wir die Komplexität dieser Etappen annehmen, können wir beginnen, einen Weg des Verständnisses und der Selbstfürsorge während der Trauerreise zu beschreiten.

Ein historischer Kontext der Trauer: Die untrennbare Verbindung zwischen Verlust und Menschlichkeit

Die Trauer ist weit entfernt davon, eine Neuheit zu sein, sondern eine Konstante in der Geschichte der Menschheit. Seit Urzeiten haben der Verlust von geliebten Menschen und die damit verbundenen emotionalen Manifestationen die Komplexitäten menschlicher Erfahrungen geprägt. Die Untersuchung dieses historischen Kontextes bietet uns eine tiefgreifende Perspektive darauf, wie verschiedene Kulturen im Laufe der Jahrhunderte mit der Trauer umgegangen sind und sie integriert haben.

In alten Gesellschaften wurde die Trauer oft ritualisiert, ein intrinsischer Bestandteil der Bestattungsriten, die den Übergang ins Jenseits begleiteten. Ägypter, Römer, Griechen und verschiedene antike Kulturen praktizierten aufwändige Zeremonien, um die Verstorbenen zu ehren. Diese Rituale boten einen kulturell bedeutsamen Raum für den Ausdruck kollektiver und individueller Trauer.

Das Mittelalter sah den Aufstieg religiöser Rituale im Kontext der Trauer, wo der Tod als Übergang zum Leben nach dem Leben betrachtet wurde. Das Christentum beeinflusste insbesondere die Art und Weise, wie Gemeinschaften mit dem Verlust umgingen, wobei der Glaube an das ewige Leben den Betrübten Trost spendete. Die mittelalterliche Zeit sah auch die Popularisierung von "Memento Mori", Artefakte, die an die Vergänglichkeit des Lebens erinnerten und zur Reflexion über die Sterblichkeit anregten.

Während der viktorianischen Ära, zwischen dem 19. und 20. Jahrhundert, erlangte die Trauer eine noch markantere soziale und kulturelle Dimension. Der Tod wurde offen anerkannt und ritualisiert, mit spezifischer Kleidung und Verhaltensweisen, die mit der Trauerzeit verbunden waren. Postmortale Fotografien wurden zu einer Möglichkeit, die Erinnerung an die Verstorbenen zu bewahren, indem sie Bilder von ihnen im ewigen Ruhezustand einfingen.

Im Verlauf des 20. Jahrhunderts, mit den sozialen und kulturellen Veränderungen, entwickelten sich auch die Praktiken rund um die Trauer weiter. Der Schwerpunkt auf direktem emotionalem Ausdruck wurde prominenter, weg von den starren Formalitäten der Vergangenheit. Die moderne Psychologie trug zu einem tieferen Verständnis der Trauer bei, indem sie Tabus entmystifizierte und den gesunden Ausdruck der mit dem Verlust verbundenen Emotionen förderte.

Heute erleben wir eine Vielfalt von Herangehensweisen an die Trauer, beeinflusst von kulturellen, religiösen und individuellen Faktoren. Einige Kulturen feiern das Leben der Verstorbenen, während andere introspektivere Praktiken annehmen. Die Digitalisierung der Gesellschaft brachte neue Möglichkeiten, die Verstorbenen zu erinnern und zu ehren, was die Art und Weise veränderte, wie Trauer erlebt und geteilt wird.

Zusammenfassend gehört die Trauer immer zur menschlichen Struktur. Von den alten Ritualen bis zu den zeitgenössischen Praktiken ist die Trauer ein Ausdruck unserer sterblichen Verfassung. Indem wir den historischen Kontext der Trauer verstehen, öffnen wir die Türen für ein tieferes Verständnis ihrer kulturellen und emotionalen Bedeutung und erkennen an, dass der Verlust in allen Epochen die menschliche Erfahrung geprägt hat und weiterhin prägen wird.

Kapitel 2

Ausdruck und Verständnis von Emotionen

Die Akzeptanz des Schmerzes: Die notwendige Reise zur inneren Heilung

Das Ausdrücken und Verstehen von Emotionen während des Trauerprozesses gleicht der Navigation durch ein aufgewühltes Meer, in dem die Wellen von Trauer, Wut und Sehnsucht in einem Strudel von Gefühlen zusammenstoßen. Im Zentrum dieser Reise steht die dringende Notwendigkeit, den Schmerz zu akzeptieren, ein wesentlicher Schritt zur inneren Heilung.

Die Akzeptanz des Schmerzes ist keine Kapitulation vor der Traurigkeit; es ist vielmehr ein Akt des Mutes. Es bedeutet, die überwältigende Präsenz des Verlustes anzuerkennen und sich zu erlauben, ohne Urteil zu fühlen. Oft versuchen wir, den

Schmerz zu vermeiden, indem wir Zuflucht in der Verleugnung oder in ständigen Ablenkungen suchen. Doch wahre Akzeptanz erfordert, dem emotionalen Sturm direkt ins Gesicht zu sehen, indem wir Tränen fließen lassen und Emotionen zum Ausdruck bringen.

Durch die Akzeptanz des Schmerzes geben wir uns selbst die Erlaubnis, die Fülle unserer Emotionen zu erleben. Die tiefe Traurigkeit, so überwältigend sie auch sein mag, ist ein integraler Bestandteil des Trauerprozesses. Es gibt kein Ende für den Schmerz, aber es gibt einen Weg durch ihn hindurch. Akzeptanz bedeutet nicht Vergessen; es bedeutet, die Wahrheit anzunehmen und den Schmerz als Katalysator für emotionales Wachstum zu nutzen.

Die Gesellschaft lehrt uns oft, stark zu sein, unsere Tränen zu verbergen und Verlust tapfer zu bewältigen. Doch wahre Stärke liegt in der Verletzlichkeit. Den Schmerz auszudrücken ist ein Akt der Authentizität, eine Manifestation unserer gemeinsamen Menschlichkeit. Es ist in Ordnung, nicht in Ordnung zu sein, sich verloren zu fühlen und emotionale Unterstützung zu suchen.

Das Verständnis des Schmerzes geht über die Oberfläche der Tränen hinaus. Es erfordert eine ehrliche Erkundung der Emotionen, die im Verborgenen liegen. Die aufkommende Wut ist kein Zeichen von Schwäche, sondern eine Reaktion auf die wahrgenommene Ungerechtigkeit des Verlustes. Die Traurigkeit ist keine Last, die man tragen muss, sondern ein Spiegelbild der Liebe und Verbindung, die wir verloren haben.

Die Akzeptanz des Schmerzes erfordert auch Geduld mit sich selbst. Die Trauer folgt keinem festen Zeitplan, und jeder durchlebt diese Erfahrung auf einzigartige Weise. Indem wir Raum für die Entfaltung von Emotionen lassen, beginnen wir, einen Weg der Selbsterkenntnis und Akzeptanz zu beschreiten. Die Akzeptanz des Schmerzes ist ein fortlaufender Prozess, eine Reise, die sich mit den verschiedenen

Phasen der Trauer verwebt und die notwendige Grundlage für tiefgreifende Heilung bietet.

Im Folgenden werden wir gesunde Möglichkeiten erkunden, diesen Schmerz auszudrücken, von therapeutischer Kunst bis hin zu Achtsamkeitspraktiken, die uns dabei helfen können, durch die stürmischen Gewässer der Trauer zu navigieren. Denken Sie daran, die Akzeptanz des Schmerzes ist der erste Schritt hin zur Transformation und Hoffnung, eine Reise der Authentizität, die uns näher zur inneren Heilung führt.

Gesunde Wege finden, den Schmerz auszudrücken: Die Kunst der inneren Heilung

Die Äußerung des Schmerzes ist eine persönliche Reise, und gesunde Wege zu finden, um Emotionen zu kanalisieren, ist entscheidend für die innere Heilung. Inmitten des Gefühlssturms bieten therapeutische Praktiken einen

Zufluchtsort, der es ermöglicht, den Schmerz in greifbare Ausdrücke zu übersetzen und so die emotionale Last zu lindern, die die Trauer mit sich bringt.

Schreiben als Katharsis:

Das geschriebene Wort hat die einzigartige Kraft, das innere Chaos in geordnete Worte zu verwandeln. Ein Tagebuch zu führen, Briefe an den verlorenen geliebten Menschen zu schreiben oder Gedichte zu verfassen sind effektive Möglichkeiten, Emotionen nach außen zu tragen. Diese Ausdrucksform bietet eine Möglichkeit, sich Luft zu machen, und kann als wertvolles Tagebuch des Trauerprozesses dienen, indem sie die Heilungsreise dokumentiert.

Malen als nonverbaler Ausdruck:

Die visuelle Kunst, insbesondere das Malen, bietet eine nonverbale Sprache für den emotionalen Ausdruck. Beim Auftragen von Pinselstrichen auf Papier oder Leinwand fließen die Emotionen intuitiv. Die Wahl der Farben, die Intensität der Striche, all das wird zu einer visuellen Darstellung des inneren Schmerzes. Selbst für diejenigen, die sich nicht als Künstler betrachten, wird die Kunst zu einem kraftvollen Kanal für die Freisetzung von Emotionen.

Meditation zur Beruhigung des Geistes:

Die Meditation entwickelt sich zu einer Praxis, die über die Trauer hinausgeht und einen Raum der Ruhe und Reflexion bietet. Im Kontext der Trauer zielt die Meditation nicht darauf ab, Emotionen zu unterdrücken, sondern vielmehr einen stillen Zufluchtsort zu bieten, um ihnen zu begegnen. Achtsamkeit ermöglicht es, den Schmerz ohne Urteil zu beobachten und ihn so natürlich fließen und sich auflösen zu lassen.

Sport treiben zur körperlichen Entlastung:

Der Körper, der oft von den emotionalen Spannungen der Trauer beeinflusst wird, kann von der körperlichen Entlastung durch sportliche Betätigung profitieren. Laufen, Schwimmen oder jede körperliche Aktivität, die Trost bringt, fördert die Freisetzung von Endorphinen und bietet Raum, um

Gedanken und Emotionen zu verarbeiten, während der Körper in Bewegung ist.

Teilnahme an Selbsthilfegruppen:

Neben individuellen Praktiken ist die Teilnahme an Selbsthilfegruppen ein wertvoller Ansatz. Das Teilen von Erfahrungen mit anderen, die ebenfalls trauern, schafft ein Gefühl von Gemeinschaft und gegenseitigem Verständnis. Die emotionale Unterstützung innerhalb einer Gruppenumgebung kann ein Lichtblick der Hoffnung und des Trostes sein.

Professionelle Hilfe suchen:

Schließlich ist es entscheidend zu erkennen, dass in einigen Fällen professionelle Hilfe erforderlich sein kann. Therapeuten, die auf Trauer spezialisiert sind, können eine maßgeschneiderte Anleitung bieten, um den Prozess des emotionalen Ausdrucks zu erleichtern und spezifische Werkzeuge zur Bewältigung der einzigartigen Herausforderungen während der Trauer anzubieten.

Beim Erkunden dieser therapeutischen Praktiken bieten wir nicht nur greifbare Möglichkeiten, den Schmerz auszudrücken, sondern kultivieren auch einen ganzheitlichen Ansatz zur inneren Heilung. Jeder findet seinen eigenen Weg, und diese Werkzeuge werden zu verlässlichen Begleitern auf dem Weg zur Akzeptanz und Erneuerung.

Kapitel 3

Die Bedeutung von Empathie

Die empathische Essenz der Trauer: Ein Zufluchtsort des Verständnisses

Beim Umgang mit der Herausforderung der Trauer taucht Empathie als ein Leuchtfeuer inmitten der emotionalen Dunkelheit auf. Dieses Kapitel hebt die Bedeutung und die lebenswichtige Notwendigkeit von Empathie im Umgang mit Trauernden hervor. Empathie ist in diesem Kontext eine Brücke, die Herzen verbindet und die verheerende Wirkung des Verlustes mildert.

Vermeidung von Urteilen

In der Trauer können Urteile zusätzliche Wunden verursachen. Jeder Einzelne durchläuft den Trauerprozess auf einzigartige Weise, geprägt von seinen Erfahrungen, Beziehungen und Perspektiven. Empathie, im Gegensatz zum Urteil, erkennt diese Einzigartigkeit an und bietet einen sicheren Raum für die ehrliche Äußerung von Emotionen. Das Vermeiden von Urteilen bedeutet zu verstehen, dass es keine "richtige" Art gibt, mit dem Verlust umzugehen, und dass jede Reise persönlich und einzigartig ist.

Die Kunst des einfühlsamen Zuhörens

Ein einfühlsames Ohr anzubieten ist eine kraftvolle Form von Empathie. Oft fallen wir in der Eile zu helfen in die Falle, schnelle Ratschläge oder schnelle Lösungen anzubieten. Die wahre Empathie besteht jedoch darin, aufmerksam zuzuhören, ohne zu unterbrechen, ohne zu urteilen. Es ermöglicht dem Trauernden, seine Emotionen, Erinnerungen und Herausforderungen zu teilen, ohne sich unter Druck gesetzt zu fühlen, sofortige Antworten zu finden. Das einfache Zuhören kann ein stiller Balsam für die Seele sein.

In die Haut des Anderen schlüpfen

Empathie bedeutet im Kern die Fähigkeit, sich in die Lage des anderen zu versetzen. Dies bedeutet, den Schmerz, die

Verwirrung und die Verletzlichkeit des Trauernden als unsere eigenen anzuerkennen. Empathie geht über Worte hinaus; es ist eine stille Geste des Verständnisses, die flüstert: "Ich sehe deinen Schmerz, ich fühle deinen Schmerz." Diese tiefe Verbindung schafft einen Raum der Akzeptanz und Unterstützung, der für die emotionale Heilung unerlässlich ist.

Anerkennung der verschiedenen Facetten des Schmerzes

Beim Umgang mit Trauer ist es entscheidend, die verschiedenen Facetten des Schmerzes anzuerkennen. Jedes Stadium des Trauerprozesses bringt eine einzigartige Palette von Emotionen mit sich, und Empathie ist der Schlüssel zum Verständnis dieser Nuancen. Von Wut bis zu tiefer Traurigkeit durchläuft der Trauernde einen Sturm von Gefühlen, und Empathie bietet einen sicheren Raum, um jede dieser Emotionen auszudrücken und zu validieren.

Die lange Reise der Genesung

Empathie ist nicht nur in den frühen Stadien der Trauer notwendig, sondern begleitet den Trauernden während der gesamten Genesungsreise. Mit der Zeit stehen Trauernde in jeder Phase vor einzigartigen Herausforderungen. Kontinuierliche Empathie bedeutet, auch dann präsent zu sein, wenn der anfängliche Staub des Verlustes sich legt, und zu erkennen, dass der Heilungsprozess allmählich und kontinuierlich ist.

Brücken des kollektiven Verständnisses bauen

Indem wir die Bedeutung von Empathie hervorheben, streben wir danach, ein kollektives Verständnis der Trauer aufzubauen. Jeder wird irgendwann Verlust erleben, und durch Empathie können wir ein Netzwerk der Unterstützung schaffen, das individuelle Barrieren überwindet. Empathie lindert nicht nur das Leiden in der Gegenwart, sondern pflanzt auch Samen des

Mitgefühls, die im Gewebe der Gemeinschaft widerhallen.

Daher bringen wir beim Eintauchen in das komplexe Universum der Trauer Empathie als unseren kostbarsten Verbündeten mit. Ein Verbündeter, der den Schmerz umarmt, aber auch Hoffnung nährt, indem er Brücken des Verständnisses und der Mitgefühls auf einer Reise baut, die wir alle irgendwann teilen werden.

Unterstützung von Trauernden: Konkrete Gesten des Mitgefühls

Während Empathie eine wertvolle emotionale Verbindung bietet, manifestiert sich praktische Unterstützung als greifbare Erweiterung dieser Fürsorge. In der Trauer werden konkrete Gesten und Hilfe bei alltäglichen Aufgaben zu bedeutungsvollen Ausdrücken von Solidarität. Dieser Abschnitt untersucht Richtlinien, wie praktische Unterstützung geleistet werden kann, wobei oft die alltäglichen Handlungen zu Fäden werden, die ein Netz des Trostes knüpfen.

Übernahme Alltäglicher Verantwortlichkeiten

In den ersten Tagen nach dem Verlust befindet sich die trauernde Person oft in einem Meer von Emotionen, was scheinbar einfache alltägliche Aufgaben zu unüberwindbaren Hürden macht. Sich bereit zu erklären, alltägliche Verantwortlichkeiten zu übernehmen, wie das Zubereiten von Mahlzeiten, die Betreuung von Haustieren oder Hilfe bei der Hausreinigung, bietet eine praktische Erleichterung, die es dem Trauernden ermöglicht, inmitten des emotionalen Sturms zu atmen.

Logistik Regeln

Die Bürokratie kann für Trauernde eine zusätzliche Belastung sein. Hilfe bei der Organisation von Dokumenten, Umgang mit Formalitäten im Zusammenhang mit dem

Verlust und sogar Hilfe bei der Planung von Zeremonien oder Beisetzungen sind praktische Möglichkeiten, einen Teil der administrativen Last zu lindern, mit der die trauernde Person konfrontiert ist.

Schaffen von Raum für die Trauer

Trauer erfordert Zeit und emotionalen Raum. Praktische Unterstützung bedeutet, eine Umgebung zu schaffen, in der die trauernde Person ihrer Heilungsprozess gewidmet sein kann. Dies kann die Übernahme von Verpflichtungen oder Verantwortlichkeiten umfassen, die Momente der Reflexion und des Ausruhens ermöglichen und einen emotionalen Zufluchtsort bieten, damit sie die Komplexitäten der Trauer bewältigen kann.

Förderung sozialer Verbindungen

Trauernde fühlen sich oft isoliert, verloren in einer Welt, die sich drastisch zu verändern scheint. Praktische Unterstützung bedeutet auch, soziale Verbindungen zu fördern. Dies kann die Organisation von Treffen mit Freunden, die

Durchführung von Gruppentherapieaktivitäten oder einfach nur die Anwesenheit sein, um eine tröstende Gesellschaft zu bieten, umfassen.

Anpassung an individuelle Bedürfnisse

Jeder Trauernde geht einen einzigartigen Weg. Praktische Unterstützung bedeutet, sich an individuelle Bedürfnisse anzupassen, wobei verstanden wird, dass das, was für einen hilfreich ist, für einen anderen nicht unbedingt gilt. Aufmerksam zuhören, Fragen stellen und Hilfsangebote bei Bedarf anpassen, zeigen ein wertvolles Verständnis für die Nuancen der Trauer.

Verfügbar und sensibel bleiben

Neben konkreten Gesten ist kontinuierliche Verfügbarkeit eine wesentliche Form der praktischen Unterstützung. Der Trauernde kann nicht nur in den Tagen unmittelbar nach dem Verlust Hilfe benötigen, sondern auch in den Wochen und Monaten danach. Sensibel auf Veränderungen in den Bedürfnissen zu reagieren und weiterhin verfügbar zu sein, um praktische Hilfe anzubieten, ist ein dauerhafter Ausdruck der Unterstützung.

Grenzen erkennen und Räume respektieren

Beim Angebot praktischer Unterstützung ist es entscheidend, die Grenzen zu erkennen und die emotionalen Räume des Trauernden zu respektieren. Einige Menschen ziehen es vielleicht vor, bestimmte Aufgaben alleine zu bewältigen, während andere sich möglicherweise wohl dabei fühlen, in allen Bereichen Unterstützung anzunehmen. Offene Kommunikation und Sensibilität sind Schlüssel, um sicherzustellen, dass die Unterstützung wertvoll ist, ohne aufdringlich zu sein.

Die wahre Schönheit praktischer Unterstützung liegt in ihrer Einfachheit. Es sind die kleinen Gesten, die ausgestreckten Arme, um die Last zu erleichtern, die zu Brücken des Mitgefühls werden. Indem wir praktische Unterstützung bieten, legen wir ein Fundament des Trostes für diejenigen, die sich mit Trauer auseinandersetzen, und zeigen, dass Solidarität sich in Worten manifestiert, aber hauptsächlich in Handlungen, die das tägliche Leben auf tiefgreifende und bedeutungsvolle Weise berühren.

Kapitel 4

Trauertherapie

Professionelle und Gemeinschaftliche Unterstützung suchen: Die therapeutische Reise durch die Trauer

Obwohl Trauer eine zutiefst persönliche Reise ist, erweist sich die Suche nach professioneller und gemeinschaftlicher Unterstützung, insbesondere durch Therapie, als wertvolles und transformative Werkzeug im Heilungsprozess. Dieses Kapitel erkundet den Reichtum der Trauertherapie und hebt hervor, wie sie einen sicheren und strukturierten Raum für die emotionale Entfaltung in einer so herausfordernden Zeit bietet.

Der Therapeutische Raum als Emotionale Zuflucht

Trauertherapie schafft einen dedizierten Raum, eine emotionale Zuflucht, in der der Trauernde seine Emotionen authentisch erkunden und ausdrücken kann. Diese Umgebung wird sorgfältig gepflegt, um Offenheit und Akzeptanz zu fördern und dem Trauernden zu ermöglichen, die Komplexitäten seiner Erfahrung zu teilen und sich dabei wohl zu fühlen.

Spezialisierte Trauertherapeuten

Spezialisierte Trauertherapeuten bringen ein tiefes Verständnis für die emotionalen Komplexitäten des Trauerprozesses mit. Ihre Ausbildung und Erfahrung befähigen sie, den Trauernden durch die verschiedenen Phasen der Trauer zu führen, indem sie individuelle Unterstützung und spezifische therapeutische Strategien für die Bewältigung einzigartiger Herausforderungen bieten.

Erkundung von Emotionen ohne Urteile

Trauertherapie bietet einen urteilsfreien Raum, in dem alle Emotionen validiert werden. Ob Wut, Traurigkeit, Schuld oder Verwirrung - der Therapeut fungiert als verständnisvoller Leitfaden, der die ehrliche Erkundung und den Ausdruck von oft schwer zu formulierenden Gefühlen außerhalb dieses geschützten Umfelds fördert.

Entmystifizierung der Komplexität der Trauer

Trauer ist oft von Mythen und Stigmata umgeben, was das Verständnis und die Akzeptanz erschweren kann. Die Therapie wirkt als Entmystifizierungsagent, indem sie Bildungsinformationen über den Trauerprozess bereitstellt und dem Trauernden hilft, die verschiedenen Phasen, die Vielfalt der Emotionen und die möglichen Wege der Anpassung und Heilung zu verstehen.

Personalisierte Therapeutische Werkzeuge

Jeder Mensch durchläuft den Trauerprozess auf einzigartige Weise, und die Therapie erkennt diese Individualität an. Trauertherapeuten setzen eine Vielzahl von personalisierten therapeutischen Werkzeugen ein, die auf die spezifischen Bedürfnisse des Einzelnen zugeschnitten sind. Dies kann kognitive

Verhaltenstherapie, narrative Therapie, Kunsttherapie und andere Ansätze umfassen, die darauf abzielen, spezifische emotionale Bedürfnisse zu erfüllen.

Integration Ganzheitlicher Praktiken

Neben traditionellen Ansätzen integriert Trauertherapie häufig ganzheitliche Praktiken, die das emotionale, körperliche und spirituelle Wohlbefinden ansprechen. Dies kann Techniken zur Entspannung, Meditation, Yoga und andere Praktiken umfassen, die darauf abzielen, den Trauernden in allen Aspekten ihres Seins zu stärken.

Ermutigung zur Neugestaltung der Bedeutung

Trauer stellt oft die Bedeutungsstruktur des Lebens in Frage. Die Therapie fungiert als mitfühlender Leitfaden bei der Neugestaltung dieser Bedeutung und hilft dem Trauernden, Zweck und Sinn inmitten des Verlustes zu finden. Dieser

Rekonstruktionsprozess ist ein wesentlicher Bestandteil der therapeutischen Reise.

Therapeutische Gemeinschaften und Unterstützungsgruppen

Neben der Einzeltherapie bieten therapeutische Gemeinschaften und Unterstützungsgruppen einen gemeinschaftlichen Raum, in dem Trauernde mit anderen in ähnlichen Situationen in Kontakt treten können. Diese unterstützende Gemeinschaft bietet Validierung, gegenseitiges Verständnis und die Möglichkeit, gemeinsam zu lernen und zu wachsen.

Führung der Reise mit Respekt vor dem persönlichen Rhythmus

Trauertherapie respektiert den individuellen Rhythmus jedes Menschen. Es gibt keinen festen Zeitplan für den Heilungsprozess, und Therapeuten befähigen den Trauernden, seine eigene Reise zu führen, indem sie Unterstützung und Anleitung bieten, während er sein eigenes Tempo geht.

Trauertherapie erweist sich daher als zuverlässige Ressource inmitten der stürmischen Gewässer der Trauer. Indem sie einen sicheren Raum, spezialisierte Anleitung und personalisierte therapeutische Werkzeuge bietet, wird sie zu einem Leuchtfeuer der Hoffnung, das diejenigen, die mit Verlust konfrontiert sind, auf dem Weg zur Akzeptanz und Erneuerung führt.

Gemeinsame Kräfte in der Trauergemeinschaft: Die Bedeutung von Unterstützungsgruppen

Während die Familie ein solides Fundament bietet, erweist sich die erweiterte Gemeinschaft als wertvolle Erweiterung der Unterstützung während der Trauer. Wir werden die vitale Bedeutung erkunden, Unterstützung in Trauergruppen zu suchen, wo Individuen ähnliche Erfahrungen teilen. Diese Gruppen werden zu Leuchttürmen gegenseitigen Verständnisses inmitten der

Dunkelheit der Trauer, indem sie einen Raum bieten, in dem Worte verstanden werden, ohne erklärt werden zu müssen.

Die Gemeinschaft als Spiegel der Erfahrung

Trauergruppen fungieren als Spiegel und reflektieren die Erfahrungen und Emotionen jedes Mitglieds. Indem sie Geschichten, Schmerzen und Siege teilen, sehen die Teilnehmer ihre eigenen Erfahrungen in anderen reflektiert, was ihre Gefühle validiert und ein Gefühl der Normalität inmitten der Komplexität der Trauer vermittelt. In diesen Räumen findet die Einzigartigkeit jeder Reise Resonanz im kollektiven Verständnis.

Verständnis ohne Worte

Oft reichen Worte nicht aus, um die Intensität des Schmerzes auszudrücken. In Unterstützungsgruppen sprechen nonverbale Kommunikation, verständnisvolle Blicke und stille Umarmungen Bände. Die einfache Anwesenheit anderer, die denselben Schmerz teilen, schafft eine einzigartige Verbindung, in der Empathie Sprachbarrieren überwindet.

Netzwerk Emotionaler Unterstützung

Die Trauergemeinschaft wird zu einem Netzwerk emotionaler Unterstützung, einem miteinander verbundenen System, das jedes Mitglied stützt. Dieses Netzwerk bietet die Sicherheit zu wissen, dass sie nicht allein auf ihrer Reise sind. Die geteilte Empathie schafft ein solides Fundament des Mitgefühls, auf dem die Höhen und Tiefen der Trauer mit Verständnis geteilt werden können.

Austausch von Bewältigungsstrategien

Jede Person geht mit der Trauer auf einzigartige Weise um, und Unterstützungsgruppen bieten einen reichen Raum für den Austausch von Bewältigungsstrategien. Was für einen funktioniert hat, kann für einen anderen eine Inspiration oder ein wertvolles Werkzeug sein. Die Vielfalt der Ansätze bereichert das Repertoire jedes Gruppenmitglieds und bietet eine Vielzahl von Perspektiven und Ressourcen, um die Herausforderung der Trauer anzugehen.

Isolation überwinden

Die Trauer kann aufgrund ihrer Natur zur Isolation führen. Das Gefühl, dass niemand den Schmerz vollständig versteht, kann die Trauernden voneinander trennen. Unterstützungsgruppen brechen diese Isolation und vermitteln ein Gefühl der Zugehörigkeit. Dort erkennen die Teilnehmer, dass ihre Emotionen von anderen geteilt werden, und schaffen einen Raum, in dem Solidarität die Einsamkeit überwindet.

Normalisierung der Trauererfahrung

Die Gemeinschaft hilft dabei, die Erfahrung der Trauer zu normalisieren. In einem Kontext, in dem die Gesellschaft das Thema oft meidet, bieten Unterstützungsgruppen einen Raum, in dem der Ausdruck des Schmerzes erlaubt und ermutigt wird. Diese Normalisierung ist eine kraftvolle Bestätigung der Gültigkeit der Emotionen der Trauernden.

Feiern von Erinnerungen und Erbschaften

Trauergruppen werden zu Räumen, in denen Erinnerungen gefeiert und Erbschaften geehrt werden. Der Fokus liegt nicht nur auf dem Verlust, sondern auch auf dem Reichtum der gelebten Leben. Diese gemeinsame Feier trägt dazu bei, ein bedeutungsvolles und positives Erbe inmitten der Trauer aufzubauen.

Ein Raum für Transformation

Die Trauer ist eine Reise der Transformation, und Unterstützungsgruppen bieten einen Raum, in dem diese Transformation anerkannt und unterstützt wird. Während die Teilnehmer im Laufe der Zeit ihre Geschichten teilen, bezeugen sie einander die Resilienz, die aus dem Schmerz erwachsen kann, und bieten Hoffnung und Inspiration für die Zukunft.

Die Langlebigkeit der Gemeinschaftsunterstützung:

Während die anfängliche Intensität der Trauer abnehmen kann, bleibt der Bedarf an Unterstützung bestehen. Unterstützungsgruppen bieten eine Struktur, die sich im Laufe der Zeit an die sich entwickelnden emotionalen Bedürfnisse anpasst. Diese Langlebigkeit der Gemeinschaftsunterstützung schafft eine kontinuierliche Versorgung, die die Trauernden in allen Phasen ihrer Reise unterstützt.

Die Suche nach Unterstützung in Trauergruppen innerhalb der Gemeinschaft ist ein Akt der Selbstfürsorge und Solidarität. In diesen Räumen wird die Trauer zu einer geteilten Reise, in der die kollektive Kraft der Gemeinschaft dazu beiträgt, die dunkelsten Wege des trauernden Herzens zu erhellen.

Kapitel 5

Akzeptanz des Wandels

Das Leben nach dem Verlust neu aufbauen, indem eine neue Normalität angenommen wird

Der Verlust markiert nicht nur das Ende einer physischen Präsenz, sondern auch den Beginn einer Anpassungsreise an die Abwesenheit. Im fünften Kapitel erforschen wir die Essenz der "Akzeptanz des Wandels" und wie der Wiederaufbau des Lebens nach dem Verlust den mutigen Akzeptanz einer neuen Normalität beinhaltet. Diese neue Normalität ist eine kontinuierliche Entwicklung, die die Veränderungen anerkennt und annimmt, die der Verlust mit sich bringen kann.

Das Transformative der Verlustnatur verstehen

Der Verlust ist eine Erfahrung, die Zeit und Raum übersteigt und einen unauslöschlichen

Eindruck im Leben derjenigen hinterlässt, die ihn durchleben. Den Wandel nach dem Verlust zu akzeptieren erfordert ein tiefes Verständnis für die transformative Natur dieses Ereignisses. Es ist nicht nur das Ende eines Lebens, sondern der Beginn eines Veränderungsprozesses, der jeden Aspekt des Daseins beeinflusst.

Die Notwendigkeit, das Unvermeidliche zu akzeptieren

Die Akzeptanz des Wandels beginnt mit der Akzeptanz des Unvermeidlichen. Der Verlust ist ein intrinsischer Bestandteil der menschlichen Existenz, eine universelle Wahrheit, die, obwohl schmerzhaft, nicht vermieden werden kann. Die Akzeptanz, dass Verlust Teil des Lebenszyklus ist, ist der erste Schritt, um eine neue Normalität zu akzeptieren.

Die Stufen der Akzeptanz

Die Akzeptanz ist kein einmaliges Ereignis, sondern ein gradueller und oft zyklischer Prozess. Indem wir dem Modell der Trauerphasen von Elisabeth Kübler-Ross folgen, erkennen wir, dass die Akzeptanz nicht sofort geschieht. Es beinhaltet Verhandlungen, Wut, Trauer und kommt schließlich zur Akzeptanz. Diese Phasen sind nicht linear, sondern ein komplexes Mosaik von Emotionen, das den Weg zur Akzeptanz bildet.

Die Neubestimmung der Identität nach dem Verlust

Der Verlust stellt oft die Identität der Hinterbliebenen in Frage. Den Wandel zu akzeptieren bedeutet, die eigene Identität inmitten der Abwesenheit neu zu definieren. Wer sind wir nach dem Verlust? Wie integrieren wir die Erinnerung an diejenigen, die gegangen sind, in unsere fortlaufende Erzählung? Dies sind Fragen, die die neue Normalität zu beantworten sucht.

Die Dualität der Emotionen umarmen

Die neue Normalität ist nicht nur von Lächeln und Freude geprägt. Sie umfasst eine breite Palette von Emotionen, einschließlich anhaltender Traurigkeit. Den Wandel zu akzeptieren bedeutet nicht, den

Schmerz zu eliminieren, sondern die Dualität der Emotionen zu umarmen. Es erlaubt das Gefühl von Trauer und Freude, Tränen und Lachen, wobei verstanden wird, dass emotionale Komplexität ein unvermeidlicher Teil des Lebens nach dem Verlust ist.

Anpassung an die Umgestaltung des Alltags

Der Verlust definiert oft den Alltag neu und erfordert oft eine tiefgreifende Umgestaltung der täglichen Routinen. Den Wandel zu akzeptieren bedeutet, sich an diese neue Konfiguration ohne übermäßigen Widerstand anzupassen. Es kann bedeuten, neue Verantwortlichkeiten zu übernehmen, gemeinsam genutzte Räume neu zu organisieren oder einfach zu lernen, mit einer Leere zu leben, die nicht gefüllt werden kann.

Bedeutung in der Adversität finden

Die neue Normalität baut auf der Fähigkeit auf, Bedeutung in der Adversität zu finden. Den Wandel zu akzeptieren ist eine aktive

Suche nach Bedeutung und Zweck. Es kann die Schaffung von Tributritualen, die Teilnahme an bedeutsamen Aktivitäten oder sogar die Beteiligung an Ursachen, die das Andenken an den geliebten Menschen ehren, beinhalten.

Lernen von der Widerstandsfähigkeit

Die Widerstandsfähigkeit wird im Prozess, den Wandel zu akzeptieren, zu einem wichtigen Verbündeten. Es ist die Fähigkeit, sich zu beugen, ohne zu brechen, Stärke in Schwächen zu finden, die Reise trotz emotionaler Narben fortzusetzen. Die neue Normalität wird von der Widerstandsfähigkeit geformt, einer Qualität, die sich stärkt, während die Trauerreise fortschreitet.

Das Feiern von Errungenschaften, groß und klein

In der neuen Normalität ist jeder Erfolg, egal wie klein er erscheinen mag, ein Sieg, der es wert ist, gefeiert zu werden. Vom Überstehen eines schwierigen Tages bis hin zum Erreichen großer persönlicher

Meilensteine bedeutet das Akzeptieren des Wandels, jeden Schritt in der Reise des Wiederaufbaus anzuerkennen und zu ehren.

Die Bedeutung von Selbstmitgefühl

Den Wandel zu akzeptieren ist ein Akt der Selbstmitgefühls. Das bedeutet, sich die Erlaubnis zu geben, zu fühlen, zu scheitern und zu wachsen. Selbstmitgefühl ist ein sanfter Leitfaden, der hilft, durch die stürmischen Gewässer des Wandels zu navigieren, und daran erinnert, dass die Reise einzigartig ist und mit Liebe und Mitgefühl behandelt werden sollte.

Den Weg in die Zukunft ebnen

Den Wandel zu akzeptieren bedeutet auch, den Weg in die Zukunft zu ebnen. Es ist kein endgültiger Abschied, sondern eine kontinuierliche Transformation, die den Weg nach vorne formt. Indem sie die neue Normalität umarmen, bauen die Hinterbliebenen eine Erzählung, die den Verlust nicht ausschließt, sondern ihn in die sich entwickelnde Geschichte ihres Lebens integriert.

Die neue Normalität als kontinuierliche Reise

Die neue Normalität ist kein endgültiges Ziel, sondern eine kontinuierliche Reise. Sie entfaltet sich im Laufe der Zeit und offenbart neue Schichten des Verständnisses und der Akzeptanz, während die Hinterbliebenen ihr Leben weiterführen. Den Wandel zu akzeptieren ist daher ein einmaliges Ereignis und ein sich entwickelndes Engagement mit der eigenen Trauerreise.

Den Wandel zu akzeptieren ist ein wesentlicher Bestandteil des Wiederaufbauprozesses nach dem Verlust. Es ist eine mutige Reise hin zu einer neuen Normalität, die die kontinuierliche Transformation des Lebens nach dem Verlust anerkennt und die Lehren des Verlustes integriert, während sie weiterhin die zukünftigen Kapitel des Daseins schreibt.

Das Halten der Lebensflamme: Feiern und Bewahren von Erinnerungen

Im zweiten Abschnitt dieses Kapitels erkunden wir die Bedeutung des "Ehrens der Erinnerung". Das Feiern des Lebens derer, die gegangen sind, hält die Essenz dessen, wer sie waren, lebendig und bietet eine bedeutsame Möglichkeit, ihre Präsenz in unserem täglichen Leben zu integrieren. Es ist eine Reise durch die Kunst des Erinnerns und die Schaffung von Ritualen, die über die Zeit hinweg bestehen bleiben und die Flamme der Erinnerung am Leben erhalten.

Die Schaffung von Ehrenritualen

Rituale haben die Kraft, die Erinnerung im Gewebe unseres täglichen Lebens zu verankern. Die Schaffung von Ehrenritualen kann die Feier von Geburtstagen, den Besuch besonderer Orte oder die Durchführung bedeutungsvoller Aktivitäten umfassen, die das Leben und die Interessen derer ehren, die wir verloren haben. Diese Rituale werden zu Verbindungspunkten zwischen Gegenwart und Vergangenheit und bieten einen Raum, der dem Feiern des Lebens gewidmet ist.

Der Aufbau eines greifbaren Memorials

Die Schaffung eines greifbaren Memorials ist eine konkrete Möglichkeit, die Erinnerung zu ehren. Dies kann die Schaffung eines dedizierten Raums zu Hause, eines Gedenkgartens oder die Beteiligung an einem öffentlichen Memorial umfassen. Diese greifbaren Orte werden zu einem physischen Tribut und einem Ort der Reflexion und spirituellen Verbindung.

Lebendige Erinnerungsnarrative

Das Erzählen von Geschichten ist eine kraftvolle Möglichkeit, die Erinnerung lebendig zu erhalten. Anstatt sich nur auf den Verlust zu konzentrieren, feiern die Erzählungen lebendiger Erinnerungen die bedeutsamen Momente, Errungenschaften und Eigenheiten, die die Person einzigartig machten. Diese Geschichten werden zu einem emotionalen Erbe, das zukünftigen Generationen vermittelt, wer sie waren und wie sie gelebt haben.

Teilnahme an Aktivitäten, die mit der Person verbunden sind

Die Integration von Aktivitäten, die mit der verstorbenen Person verbunden sind, ist eine aktive Möglichkeit, ihre Erinnerung zu ehren. Es kann die Beteiligung an Wohltätigkeitsorganisationen umfassen, die für sie wichtig waren, das Ausüben gemeinsamer Hobbys oder die Durchführung von Veranstaltungen, die ihre Werte widerspiegeln. Diese aktive Teilnahme verbindet die Erinnerung mit Handeln und verwandelt das Gedenken in ein sich entwickelndes Erbe.

Feiern des Lebensgeburtstags

Die Geburtstage derer, die gegangen sind, können bedeutsame Momente werden, um ihre Präsenz in unserem Leben zu feiern. Diese Feierlichkeiten können in verschiedenen Formen stattfinden, von Feiern zu ihren Ehren bis hin zu Akten der Freundlichkeit in ihrem Namen. Die Feier des Lebensgeburtstags erhält die Freude am Leben, die sie in die Welt gebracht haben.

Erhaltung von Kunst und Kreationen

Für diejenigen, die eine künstlerische oder kreative Ader hatten, ist die Erhaltung und Weitergabe ihrer Werke eine wertvolle Möglichkeit, die Erinnerung zu ehren. Ob durch Ausstellungen, Veröffentlichungen oder private Ausstellungen, die Bewahrung der Kunst und Kreationen der Person ist eine Möglichkeit, ihr Erbe fortzusetzen und anderen die Schönheit zu vermitteln, die sie geteilt haben.

Die Einbeziehung von bedeutsamen Symbolen

Die Verwendung von Symbolen, die für die verstorbene Person bedeutend waren, ist eine kraftvolle symbolische Praxis. Dies kann das Tragen von Schmuck, Tätowierungen oder sogar die Erstellung von Logos oder Bildern umfassen, die die Essenz der Person verkörpern. Diese Symbole werden zu einer visuellen Ausdrucksform der Erinnerung und bieten eine greifbare Verbindung.

Aufbau von Legaten durch Handlungen

Neben Ritualen und Symbolen ist der Aufbau von Legaten durch konkrete Handlungen eine praktische Möglichkeit, die Erinnerung zu ehren. Dies kann die Gründung von Wohltätigkeitsorganisationen, die Einrichtung von Stipendien in ihrem Namen oder die Beteiligung an Aktivitäten umfassen, die ihre Arbeit oder Leidenschaften fortsetzen. Diese langanhaltenden Handlungen verwandeln die Erinnerung in einen positiven Impuls in der Gemeinschaft oder der Welt.

Teilnahme an Gedenkveranstaltungen

Gedenkveranstaltungen bieten eine Gelegenheit, Freunde und Familie zusammenzubringen, Erinnerungen zu teilen und das Leben derer zu feiern, die gegangen sind. Ob jährliche Zeremonie, Gedenkessen oder sogar thematische Veranstaltungen, diese Treffen bieten einen gemeinsamen

Raum, um die Erinnerung auf bedeutsame Weise zu ehren.

Erstellung eines digitalen Erbes

In einer zunehmend digitalen Welt kann die Schaffung eines Online-Erbes eine effektive Möglichkeit sein, die Erinnerung zu ehren. Dies kann das Erstellen von Gedenkseiten, das Teilen von Fotos und Videos oder sogar das Führen eines Blogs umfassen, der das Leben der Person feiert. Diese digitalen Erbschaften sind dauerhaft und für Freunde und Familie auf der ganzen Welt zugänglich.

Beteiligung an wohltätigen Aktivitäten

Die Beteiligung an wohltätigen Aktivitäten, die die Werte der verstorbenen Person widerspiegeln, ist eine praktische und bedeutungsvolle Möglichkeit, ihre Erinnerung zu ehren. Ob sie spezifische Leidenschaften für soziale, Umwelt- oder Wohltätigkeitsursachen hatten, sich aktiv an diesen Bereichen zu beteiligen, ist eine Verlängerung ihres Erbes.

Fortsetzung familiärer Traditionen

Die Fortführung familiärer Traditionen ist eine Möglichkeit, die Erinnerung kontinuierlich zu ehren. Ob es sich um die Abhaltung spezieller Familienfeiern, die Fortsetzung traditioneller Rezepte oder die Feier von Feiertagen auf bedeutsame Weise handelt, die Fortführung von Traditionen verbindet Generationen und hält den Einfluss derer, die gegangen sind, am Leben.

Besuche und Reflexionen an besonderen Orten

Das Aufsuchen besonderer Orte, die mit der verstorbenen Person verbunden sind, bietet einen Raum für Reflexion und spirituelle Verbindung. Ob es sich um einen Ruheort, einen Lieblingspark oder ein bedeutsames Reiseziel handelt, diese Besuche werden zu emotionalen Pilgerfahrten, die helfen, die Erinnerung lebendig zu erhalten.

Beteiligung an gemeinsamen Aktivitäten

Die Teilnahme an Aktivitäten, die mit der verstorbenen Person geteilt wurden, ist eine

Möglichkeit, ihre Präsenz lebendig zu halten. Ob es sich um das Spielen eines Sports, das Ausüben eines Hobbys oder einfach das Ansehen eines Lieblingsfilms handelt, diese Aktivitäten schaffen symbolische Bindungen und vermitteln ein Gefühl von Nähe.

Förderung offener Gespräche über die Erinnerung

Die Förderung offener Gespräche über die Erinnerung ist eine grundlegende Praxis. Das Sprechen über die verstorbene Person, das Teilen von Geschichten und Erinnerungen schafft eine Umgebung, in der die Erinnerung offen und ehrlich gefeiert und geteilt wird.

Beteiligung an Freiwilligenaktivitäten

Die Beteiligung an Freiwilligenaktivitäten im Namen der verstorbenen Person ist eine altruistische Möglichkeit, ihre Erinnerung zu ehren. Die Beitrag zur Gemeinschaft in ihrem Namen ist ein Ausdruck ihrer Werte und eine Möglichkeit, die Welt positiv zu beeinflussen.

Die Wiederbelebung spiritueller Bindungen

Für diejenigen, die spirituelle Überzeugungen haben, ist die Wiederbelebung spiritueller Bindungen eine bedeutungsvolle Praxis. Die Teilnahme an religiösen Diensten, die Schaffung persönlicher spiritueller Rituale oder die Widmung von Reflexionsmomenten sind Wege, um eine spirituelle Verbindung zur verstorbenen Person aufrechtzuerhalten.

Der Ausdruck von Dankbarkeit für ihren Einfluss

Die Äußerung von Dankbarkeit für den Einfluss der verstorbenen Person ist eine Praxis, die ihre Erinnerung positiv ehrt. Die Anerkennung, wie ihre Lehren, Liebe und Unterstützung uns geprägt haben, ist ein kraftvoller Ausdruck der Wertschätzung.

Erstellung von Alben und visueller Dokumentation

Die Erstellung von Fotoalben, Videos und visuellen Dokumentationen ist eine effektive Möglichkeit, visuelle Erinnerungen zu bewahren. Diese Aufzeichnungen erfassen besondere Momente und bieten eine visuelle Erzählung des Lebens der Person, die für zukünftige Generationen zugänglich ist.

Teilnahme an Unterstützungsgruppen

Die Teilnahme an speziellen Unterstützungsgruppen für trauernde Personen ist eine Praxis, die emotionale Unterstützung bietet und auch eine Gelegenheit bietet, Geschichten und Erinnerungen zu teilen. Diese Gruppen bieten einen gemeinsamen Raum, um die Erinnerung in einem Kontext gegenseitigen Verständnisses zu ehren.

Zusammenfassung

Das Ehren der Erinnerung ist ein Akt der Liebe und Feier. Während wir eine Vielzahl von Möglichkeiten erkunden, die Präsenz derer, die gegangen sind, lebendig zu erhalten, erkennen wir, dass Erinnerung nicht etwas ist, das uns an die Vergangenheit bindet, sondern vielmehr ein Licht, das die Gegenwart erleuchtet. Indem wir Rituale schaffen, Erinnerungen bewahren und an Aktivitäten teilnehmen, die das Leben der verstorbenen Person widerspiegeln, ehren wir ihre Reise und die lang anhaltende Auswirkung, die sie weiterhin auf unser Leben haben. Diese Praktiken erhalten die Flamme der Erinnerung und schaffen ein lebendiges Erbe, das inspiriert und führt.

Nicht den Fokus im Leben verlieren

Das Leben durch Erinnerungen aufrechterhalten: Ein Blick auf die Freude in der Kontinuität

Der dritte Abschnitt dieses Kapitels wirft Licht auf die mächtige Wahrheit, dass trotz physischer Abwesenheit diejenigen, die gegangen sind, auf irgendeine Weise in den Herzen und Leben derjenigen, die bleiben, weiterleben. Der Tod ist kein absoluter Abschluss, sondern vielmehr eine Transformation, die die Geschichten derer, die gegangen sind, in das Leben derjenigen webt, die geblieben sind. Wir akzeptieren die Idee, dass beim Verlust eines geliebten Menschen ein Teil von uns mitgeht, aber ein bedeutender Teil des Wesens der geliebten Person bleibt innerhalb von uns lebendig.

Die Transformation der Abwesenheit

Der Verlust, obwohl er eine spürbare Leere hinterlässt, ist kein Endpunkt in der Beziehung zu denen, die gegangen sind. Es ist eine Transformation, eine unsichtbare Verbindung, die die Lebenden mit denen verbindet, die schon gegangen sind. Diese Transformation zu akzeptieren bedeutet anzuerkennen, dass, obwohl wir den physischen Raum nicht mehr mit der Person teilen können, wir eine spirituelle und emotionale Verbindung pflegen können, die die Grenzen von Zeit und Raum überwindet.

Die Präsenz in Erinnerungen

Wenn jemand, den wir lieben, diese Welt verlässt, verschwindet ihre Präsenz nicht; sie bleibt in unseren Erinnerungen bestehen. Die geteilten Lachen, die intimen Gespräche und die besonderen Momente hallen weiterhin in unseren Gedanken und Herzen wider. Die Erinnerungen werden zu Zeitkapseln, in denen die Person lebendig bleibt, lächelt, spricht und auf eine andere Weise Teil unseres Alltags wird.

Die langanhaltende Einflussnahme in unseren Leben

Der Einfluss derjenigen, die gegangen sind, ist eine langanhaltende Präsenz in unseren Leben. Ob in den Lehren, die sie vermittelt haben, den Werten, die sie geteilt haben, oder in der Art und Weise, wie sie unseren Charakter geformt haben, die Person bleibt eine lebendige Kraft, die uns führt, herausfordert und inspiriert. Das Erbe, das sie hinterlassen, ist ihre unauslöschliche Marke auf unserer Reise.

Die Übertragung von Geschichten an neue Generationen

Die Kontinuität des Lebens nach dem Tod liegt in der Übertragung von Geschichten an neue Generationen. Den Kindern, Enkeln und Urenkeln von der besonderen Person zu erzählen, ist nicht nur eine Erinnerung, sondern auch eine Möglichkeit sicherzustellen, dass ihr Leben weiterhin gefeiert wird und ihre Lehren über ihre Zeit hinaus geteilt werden.

Die Wiedergeburt in unseren Handlungen und Entscheidungen

Das Leben derjenigen, die gegangen sind, wird in unseren täglichen Handlungen und Entscheidungen wiedergeboren. Wenn wir Entscheidungen treffen, die von den Werten und Lehren der Person beeinflusst werden, lebt sie in jedem Schritt, den wir machen. Es ist eine Möglichkeit, ihre Präsenz durch unsere eigenen Handlungen zu manifestieren und die Essenz, die sie geprägt haben, lebendig zu halten.

Die Freude in der Erinnerung

Anstatt sich auf die Traurigkeit des Verlustes zu konzentrieren, erkundet dieser Abschnitt die Idee, Freude in der Erinnerung zu finden. Das Erinnern an glückliche Momente, das Feiern von Errungenschaften und das Lachen über geteilte Erinnerungen ist eine Möglichkeit, die Vitalität der verstorbenen Person in unseren Herzen aufrechtzuerhalten. Diese Freude mindert nicht die Traurigkeit der Abwesenheit, sondern existiert als lebendige Hommage an die Liebe, die wir geteilt haben.

Die Fortsetzung der Werte und Traditionen

Die Fortsetzung der Werte und Traditionen der verstorbenen Person ist ein greifbarer Beweis für ihre Kontinuität. Wenn wir uns dafür entscheiden, nach den Prinzipien und Praktiken zu leben, die ihnen wichtig waren, bewahren wir ihr Erbe auf eine Weise, die über die physische Zeit ihrer Präsenz hinausgeht.

Die Transformation des Schmerzes in Wachstum

Der Schmerz des Verlustes kann in persönliches Wachstum umgewandelt werden. Indem wir uns mit der Abwesenheit auseinandersetzen, lernen wir, Herausforderungen zu meistern, Mitgefühl zu entwickeln und die gegenwärtigen Momente zu schätzen. Diese Transformation ist ein Ausdruck der Liebe, die wir für die verstorbenen Person empfinden, indem wir den Schmerz in eine Quelle von Entwicklung und Widerstandsfähigkeit umwandeln.

Die spirituelle Wiederverbindung

Die Fortsetzung des Lebens nach dem Tod beinhaltet oft eine spirituelle Wiederverbindung. Der Glaube an die kontinuierliche Existenz der Seele oder an eine spirituelle Präsenz bietet Trost und die Gewissheit, dass die Verbindung zwischen den Lebenden und denjenigen, die gegangen sind, die Grenzen der Sterblichkeit übersteigt.

Die Erneuerung in den Lebensphasen

Genau wie sich die Jahreszeiten der Natur erneuern, bieten auch die Phasen des Lebens Gelegenheiten, die Verbindung zu denen, die gegangen sind, zu erneuern. In bedeutenden Momenten wie Geburtstagen, Feiertagen und Familienereignissen kann die

Präsenz der Person auf besondere Weise gespürt werden, als ob sie diese Momente mit uns teilen würde.

Die Suche nach Orientierung in schwierigen Zeiten

In schwierigen Zeiten wird die Kontinuität des Lebens nach dem Tod zu einer Quelle der Orientierung. Sich in Gedanken mit der verstorbenen Person zu unterhalten, ihren Rat innerlich zu suchen oder ihre Präsenz in herausfordernden Momenten zu spüren, sind Wege, Trost und Unterstützung zu finden.

Die Teilnahme am Aufbau von Vermächtnissen

Die aktive Teilnahme am Aufbau von Vermächtnissen ist eine Möglichkeit, die Kontinuität des Lebens zu festigen. Indem wir uns an Handlungen beteiligen, die die Werte und Leidenschaften der Person widerspiegeln, tragen wir zur Schaffung eines lebendigen Vermächtnisses bei, das über die eigene Existenz hinausreicht.

Die Akzeptanz des Wandels als Weg zur Kontinuität

Die Akzeptanz des Wandels als integraler Bestandteil der Kontinuität ist ein Weg, Freude in der Erinnerung zu finden. Indem wir die Veränderung und Entwicklung nach dem Verlust annehmen, erkennen wir, dass, obwohl die physische Beziehung geendet hat, die spirituelle Beziehung weiterhin blüht und sich von der ständigen Veränderung, die das Leben bietet, ernährt.

Die unzerbrechliche Bindung der Liebe

Die Liebe, die wir mit denen teilen, die gegangen sind, schafft eine unzerbrechliche Bindung. Diese Liebe ist ein verbindendes Element, das Vergangenheit, Gegenwart und Zukunft verbindet. Indem wir lieben, erinnern und nach diesem Lieben leben, halten wir die Flamme derer, die wir lieben, in unseren Herzen lebendig.

Die Begegnung in Träumen und Reflexionen

In Träumen und Reflexionen können wir besondere Begegnungen mit denen haben, die gegangen sind. Diese Momente bieten eine einzigartige Gelegenheit zur Kommunikation, ein Gefühl von Nähe, das die Grenzen der täglichen Realität überwindet. In ihnen lebt, spricht und bleibt die verstorbenen Person präsent, auf eine Weise, die unsere Herzen erwärmt.

Der Aufbau eines Vermächtnisses der Liebe

Schließlich betont dieser Abschnitt die Idee, dass die Kontinuität des Lebens nach dem Tod untrennbar mit dem Aufbau eines Vermächtnisses der Liebe verbunden ist. Jede Erinnerung, jede Wahl, die mit den gemeinsamen Werten übereinstimmt, und jeder Ausdruck von Freude in der Erinnerung tragen zu diesem Vermächtnis bei und machen es zu einem lebendigen Ausdruck des Lebens, das weiterhin in unseren Herzen pulsiert.

Zusammenfassend

Dieser Abschnitt des Kapitels betont die Bedeutung, den Fokus im Leben nicht zu verlieren, auch inmitten des Verlustes. Was wir physisch und zeitlich verloren haben, verwandelt sich in eine langanhaltende Präsenz, die sich in den Entscheidungen, Erinnerungen und Handlungen der Gegenwart manifestiert. Die Kontinuität des Lebens nach dem Tod ist eine Feier der Ewigkeit der Liebe, in der diejenigen, die gegangen sind, in uns weiterleben und das Leben mit Fäden von Sehnsucht, Dankbarkeit und vor allem unverlöschlicher Liebe weben.

Die Trauer in verschiedenen Kulturen

Die Behandlung der Trauer variiert signifikant zwischen verschiedenen Gesellschaften und Kulturen und spiegelt die spezifischen Überzeugungen, Werte und Praktiken jeder Gemeinschaft wider. Hier sind einige Beispiele, wie Trauer in verschiedenen Gesellschaften auf der ganzen Welt angegangen wird:

Westliche Kulturen

- In westlichen Gesellschaften folgt die Trauer oft formalen Ritualen wie Beerdigungen und religiösen Zeremonien.

- Die offene Ausdrucksweise von Emotionen wird häufig akzeptiert, was Trauernden ermutigt, ihre Trauer und Erinnerungen zu teilen.

- Unterstützungsgruppen, Therapie und Beratung sind häufig genutzte Ressourcen, um die Anpassung an die Trauer zu unterstützen.

Östliche Kulturen

- Einige östliche Kulturen wie die chinesische und die japanische haben formelle Trauerrituale und Respekt gegenüber den Verstorbenen.

- Die Ehrung der Vorfahren spielt eine bedeutende Rolle, mit regelmäßigen Festivals und Zeremonien zur Ehre der Toten.

- Meditation und spirituelle Praktiken können in den Trauerprozess integriert werden.

Afrikanische Kulturen

- Viele afrikanische Kulturen haben Traditionen, die Rituale, Tänze und Musik beinhalten, um das Leben der Verstorbenen zu feiern.

- Gemeinschaftliche Unterstützung ist entscheidend, wobei Freunde und Familienmitglieder eine aktive Rolle bei der Bereitstellung von Trost und praktischer Unterstützung spielen.

- Einige afrikanische Gesellschaften glauben an die Fortsetzung des Lebens nach dem Tod und die Bedeutung, eine spirituelle

Verbindung zu den Vorfahren aufrechtzuerhalten.

Native amerikanische Kulturen

- Verschiedene nordamerikanische indigene Stämme haben unterschiedliche Trauerpraktiken.

- Einige Stämme führen traditionelle Zeremonien durch, während andere die Verbindung zur Natur und zum Land betonen.

- Der Respekt vor der Spiritualität und Weisheit der Ältesten ist ein integraler Bestandteil des Trauerprozesses in vielen indigenen Kulturen Nordamerikas.

Islamische Kulturen

- In islamischen Kulturen wird die Trauer oft von spezifischen Ritualen wie dem Totengebet und der sofortigen Beerdigung geleitet.

- Die Akzeptanz des Willens Allahs spielt eine zentrale Rolle, und Geduld während des Trauerprozesses wird geschätzt.

- Die Gemeinschaft spielt eine aktive Rolle bei der Unterstützung der trauernden Familie.

Hinduistische Kulturen

- Im Hinduismus ist die Einäscherung eine übliche Praxis, und die Freisetzung der Asche in einem heiligen Fluss gilt als reinigend.

- Die Trauerzeit kann variieren, und Gedenkzeremonien können zu bestimmten Daten stattfinden.

- Der Glaube an Reinkarnation beeinflusst die Art und Weise, wie Tod und Trauer verstanden werden.

Kulturen der Ureinwohner Australiens

- Die indigenen Kulturen Australiens haben Trauertraditionen, die Rituale, Gesänge und Malereien umfassen.

- Die Verbindung zum Land ist wesentlich, und Bestattungsstätten gelten als heilig.

- Die Bedeutung der Gemeinschaft bei der emotionalen Unterstützung wird hervorgehoben.

Diese Beispiele verdeutlichen die Vielfalt der Ansätze im Umgang mit Trauer auf der ganzen Welt. Es ist entscheidend, kulturelle Unterschiede anzuerkennen und zu respektieren, um angemessene Unterstützung für trauernde Menschen in verschiedenen Kontexten zu bieten.

Die stoische Trauer

In der stoischen Philosophie finden wir eine Lehre, die tief resoniert, wenn es um die Endlichkeit des Lebens geht. Die Stoiker wie Seneca, Epiktet und Mark Aurel haben uns über die Bedeutung beigebracht, die unerbittliche Natur des Todes anzuerkennen und, noch wichtiger, wie man im Einklang mit dieser unvermeidlichen Wahrheit lebt.

Die Endlichkeit ist für die Stoiker keine bloße düstere Betrachtung, sondern vielmehr ein Aufruf zur Aktion und zur Wertschätzung des Daseins. Die Akzeptanz, dass das Leben vergänglich ist, bedeutet nicht, der Verzweiflung zu erliegen, sondern die Realität zu umarmen und sie in eine Quelle der Weisheit zu verwandeln.

Der Tod ist für die Stoiker das gemeinsame Schicksal aller Menschen. Dies zu akzeptieren befreit uns von der Angst und treibt uns dazu an, bedeutsam und voll zu leben. Es ist eine Einladung, jeden Moment zu schätzen, Erfahrungen mit Dankbarkeit anzunehmen und den inneren Wert unserer Beziehungen anzuerkennen.

Die Wahrheit über die Endlichkeit des Lebens erinnert uns an die Fragilität der Zeit. Jeder vergehende Augenblick ist unwiderruflich, und gerade diese Unwiderruflichkeit verleiht unseren Interaktionen, unseren Gefühlen, unseren Errungenschaften Wert. Die unaufhörliche Uhr des Lebens motiviert uns, mit einem Zweck zu handeln, Liebe auszudrücken, nach Wissen zu streben und zum Gemeinwohl beizutragen.

In den stoischen Lehren betont die Tugend als das wahre Maß eines gut gelebten Lebens, dass die Qualität unserer Handlungen wichtiger ist als die Anzahl der Jahre, die wir haben. Es geht nicht um die Dauer des Lebens, sondern darum, wie wir wählen zu leben, mit welcher Integrität wir Herausforderungen meistern und mit welcher Empathie wir uns mit anderen verbinden.

Die Anerkennung der Endlichkeit des Lebens bedeutet nicht, Verantwortung zu vernachlässigen oder zu verzögern. Im Gegenteil, das Bewusstsein um die Begrenztheit der Zeit ermutigt uns, mit Eifer zu handeln, Bedeutung in unseren täglichen Aktivitäten zu suchen und echte Beziehungen zu pflegen.

In den Worten von Seneca: "Lass uns unser Leben nicht unnötig verlängern, noch uns dem natürlichen Lauf widersetzen. Wir sollten nicht darauf warten, dass unser Sterbebett erst im hohen Alter erreicht wird." Diese stoische Erkenntnis lädt uns ein, die Vergänglichkeit als Teil der menschlichen Existenz zu umarmen, so zu leben, dass wir, wenn wir zurückblicken, das Gefühl haben, jede uns gegebene Gelegenheit genutzt zu haben.

Letztendlich ermutigt uns die stoische Philosophie über die Endlichkeit, der Realität mit Mut zu begegnen und die Gegenwart vollständig bewusst anzunehmen. Dadurch leben wir im Einklang mit der Natur und finden eine tiefe Quelle von

Gelassenheit und Zufriedenheit, unabhängig von den Unsicherheiten, die die Zukunft bringen mag.

Abschließende Reflexion

Während wir diese Reise durch das Verständnis der Trauer abschließen und die wertvollen Lektionen betrachten, die Verlust uns bietet, ist es entscheidend, die Schönheit der menschlichen Komplexität anzuerkennen. Trauer ist ein unvermeidbares Kapitel in unserem Leben, aber dieser Leitfaden ist ein Liebesbrief an die Widerstandsfähigkeit des menschlichen Geistes.

Indem wir die Endlichkeit akzeptieren und die Realität der Trauer als untrennbaren Teil der menschlichen Erfahrung annehmen, entdecken wir, dass die Kraft, mit der wir Widrigkeiten begegnen, in der Tiefe unserer Verbindungen und der Art und Weise liegt, wie wir jeden kostbaren Moment schätzen. Dieser Leitfaden ist ein sanftes Echo, eine zarte Erinnerung daran, dass der Schmerz der Trauer untrennbar mit der Liebe verbunden ist, die ihm vorausgeht, ein greifbarer Beweis für die Tiefe unserer Emotionen.

Indem wir unsere Geschichten teilen, trösten wir einander in dem Verständnis, dass wir nicht allein auf unserer Trauerreise sind. Es ist in den geteilten Tränen, den Trostworten und der stillen Präsenz, dass wir Trost und Unterstützung finden. Dieser Leitfaden ist ein Zeugnis unserer angeborenen Fähigkeit, Licht im Dunkeln zu finden, durch Schmerz zu wachsen und schließlich sogar nach Stürmen Freude wiederzuentdecken.

Im Herzen dieses Abschlusses erinnern wir daran, dass Trauer kein ewiger Abschied ist, sondern eine Transformation. So wie Traurigkeit ein Spiegelbild der Liebe ist, die wir fühlen, ist Trauer eine Reise der Selbstentdeckung und Erneuerung. In unseren Erinnerungen, in den geteilten Tränen und in Momenten der Stille finden wir die Verheißung, dass Liebe bestehen bleibt, transzendiert und selbst unter den schwierigsten Umständen erblüht.

Möge dieser Leitfaden mehr als nur Worte auf Papier sein; möge er ein mitfühlender Begleiter in dunklen Stunden sein, ein Freund, der Trost bietet, wenn Worte versagen. In unseren Herzen tragen wir die Erinnerung an diejenigen, die gegangen sind, und in unseren täglichen Handlungen ehren wir das Erbe der Liebe, das sie uns hinterlassen haben. Möge die Weisheit in diesen Seiten eine Reise der Heilung, des Verständnisses und der Akzeptanz inspirieren und uns immer daran erinnern, dass selbst in der Traurigkeit Raum für die Schönheit des Lebens ist.

www.ingramcontent.com/pod-product-compliance
Lightning Source LLC
Chambersburg PA
CBHW061300250726
48653CB00002B/710